LES
PAPIERS SECRETS DES TUILERIES

PAPIERS ET CORRESPONDANCES
de la Famille Impériale

LE DOSSIER
DU NORD

DOCUMENTS INÉDITS

Prix : 50 Centimes

EN VENTE A LILLE

A l'Office de Publicité des Journaux Français et Etrangers,
1, rue des Sept-Sauts, 1,

Et chez tous les Libraires et Correspondants du *Progrès du Nord*,
des départements du Nord, de l'Aisne, de la Somme
et du Pas-de-Calais.

LES PAPIERS SECRETS DE L'EMPIRE

—

Papiers & Correspondances de la Famille
impériale

—

LE DOSSIER DU NORD

(Documents inédits).

———◦◦◦———

Un hasard des plus heureux a mis entre nos mains
la collection complète des Papiers secrets du Palais des
Tuileries. Nous en avons extrait les documents inédits
intéressant les personnages du Nord que le régime impérial a mis le plus en évidence. Anciens candidats
officiels, anciens députés, conseillers généraux, magis-
trats, solliciteurs de toutes les catégories, tous défile-
ront devant le public qui appréciera les platitudes cour-
tisanesques que dix-huit années d'empire ont dévelop-
pées jusque dans notre région.

A côté des lettres émanant de nos célébrités locales,
nous placerons un document d'une valeur inappréciable :
le Livre des notes rédigées spécialement pour l'ex-

impératrice lors de son voyage à Lille, et destinées à la renseigner sur les diverses personalités plus ou moins officielles du pays.

En commençant cette publication, nous sommes sûr d'obtenir un immense succès de curiosité; mais nous donnerons en même temps — et c'est ce motif seul qui nous dirige — une haute leçon de moralité publique.

I

M. des Rotours à Sa Majesté l'Empereur Napoléon III, Empereur des Français.

Sire,

Permettez-moi de solliciter d'être admis auprès de Votre Majesté en audience particulière.

L'objet de ma démarche serait d'entretenir Votre Majesté de mon désir d'être autorisé à relever le titre de baron de l'empire accordé à mon oncle par l'empereur Napoléon Ier et de soumettre à la haute et bienveillante appréciation de Votre Majesté les considérations invoquées dans la supplique que je formule à cet effet

Daignez agréer, Sire, l'hommage du plus profond respect avec lequel j'ai l'honneur d'être,

de Votre Majesté,

Sire,

le très-humble et obéissant serviteur,

DES ROTOURS,

député du Nord.

Paris, ce 21 mars 1867.

II

Rouen, 19 décembre 1867.

Sire,

La haute bienveillance dont Votre Majesté n'a cessé de donner de si précieux témoignages à toute ma famille, me fait un devoir de lui rendre compte des modifications qui se sont produites dans la situation de mon père, depuis le jour où nous avons eu le malheur de le perdre.

Grâce aux sacrifices d'un de mes beaux-frères, M. Haentjens, et à ceux de ma belle-mère qui a compris les véritables intérêts de ses petits-enfants, cette situation est sur le point d'être entièrement dégagée. La différence qui nous reste à combler est relativement fort minime, et M. Haentjens, comme moi, nous n'avons d'autre pensée que de terminer notre tâche dans le plus bref délai possible.

Si Votre Majesté trouvait aujourd'hui la situation de mon père digne de sa haute intervention, le but tant désiré serait atteint aussitôt et la mémoire du maréchal serait à l'abri de toute interprétation fâcheuse.

Je supplie Votre Majesté de pardonner ce vœu si humblement exprimé par un fils qui doit vouloir que la mémoire de son père n'évoque que le souvenir de dévouement si absolu, dont le fidèle serviteur était animé pour l'Empereur et sa dynastie.

Si Votre Majesté daignait me permettre d'arriver jusqu'à elle, j'aurais l'honneur de lui exposer cette situation avec plus de détails.

Je suis, avec un profond respect, Sire, de Votre Majesté, le très-humble et très-dévoué serviteur,

> Léopold MAGNAN, chef d'escadron d'état-major, attaché à la 2e division militaire, à Rouen.

III

Sire,

J'ai l'honneur de solliciter de Votre Majesté une faveur que mon père espérait, il y a peu de jours encore, pouvoir obtenir de sa haute bienveillance.

Cette faveur, Sire, serait l'avancement de mon mari, receveur des finances à Paris, et sa nomination, par Votre Majesté, à une Recette générale.

M. Legendre est appelé à recueillir une belle fortune à venir; mais notre situation présente est des plus modestes et nous ne pouvons supporter, sans une gêne réelle, la suppression d'une rente de six mille francs que mon père me faisait.

C'est ce pénible motif, Sire, qui m'a encouragée à m'adresser à la bienveillance de Votre Majesté qui sait si bien compatir à toutes les infortunes; c'est lui qui m'a fait espérer que Votre Majesté daignera accueillir favorablement mon humble supplique.

J'ai l'honneur d'être,

Sire,

De Votre Majesté,

La très-humble et très-obéissante sujette,

Laure LEGENDRE, née MAGNAN.

IV

Le marquis d'Havrincourt au duc de Bassano,
aux Tuileries.

Havrincourt, 3 janvier 1854.
par Bertincourt (Pas de-Calais.)

Monsieur le Duc,

L'empereur vient de me nommer chevalier de la Légion-d'Honneur, et j'attache d'autant plus de prix à cette distinction que je sais qu'elle a été accordée sur son ordre direct, à son retour de Boulogne.

Je serais bien heureux si, par votre intermédiaire, j'obtenais que Sa Majesté m'admît à lui témoigner ma reconnaissance.

J'ai l'honneur d'être, monsieur le Duc, votre très-humble et très-obéissant serviteur.

Marquis d'HAVRINCOURT.

V

Monsieur le Duc,

L'empereur, lors de son dernier voyage à Arras, où j'ai eu l'honneur de dîner à la table de Leurs Majestés, m'a dit, au moment même de son départ, dans la gare du chemin de fer : « Au revoir, à Paris. »

Resté jusqu'ici à la campagne pour y donner de l'ouvrage à nos pauvres ouvriers, je viens seulement d'arriver à Paris, et je m'empresse de m'adresser à vous, Monsieur le duc, pour vous prier de vouloir bien transmettre à Sa Majesté ma demande d'être admis à l'honneur de lui faire ma cour.

J'ai l'honneur d'être, Monsieur le Duc,

Votre très humble et très-obéissant serviteur,

Marquis d'HAVRINCOURT,
Membre du Conseil général du Pas-de-Calais et maire d'Havrincourt, rue de Varennes, 43.

Paris, 15 mars 1854.

VI

Monsieur le Duc,

Mon cousin Tascher me mande que vous voulez bien vous charger de continuer la négociation commencée entre nous trois à Compiègne, en remettant à l'empereur ma demande, et je me hâte de vous l'adresser.

Je ne suis pas un homme de cour : ma vie a été rude et laborieuse, et je suis aujourd'hui un campagnard travailleur. Mais je veux une monarchie forte avec toutes ses conséquences, et la première de toutes c'est que la personne du souverain comme tout ce qui l'entoure et le touche, inspirent le respect universel et soient l'objet des plus nobles et des plus hautes ambitions.

Voilà pourquoi je me trouverai honoré d'être nommé l'un des chambellans honoraires de Sa Majesté, et de la servir près de vous.

J'ai l'honneur d'être, Monsieur le Duc,
Votre très-humble et très-obéissant serviteur,

Marquis d'HAVRINCOURT.

Havrincourt, 11 janvier 1860.

VII

Mme Prestat, femme du Procureur Impérial de Lille, sollicite une audience de Sa Majesté.

Sire,

J'ose prendre la liberté de solliciter une audience de votre Majesté Impériale.

Mon but est de lui exposer que, dans plusieurs circonstances graves, M. Prestat, aujourd'hui procureur impérial de Lille, a donné des gages de son dévouement à la cause impériale.

Au mois de décembre 1851, il a, dans les Basses-Alpes (Digne), hautement accepté le grand acte qui a sauvé la France ; l insurrection triomphante mit sa tête à prix ; j'ai dû moi-même, Sire, chercher un lieu de refuge pour protéger ma vie et celle de mon fils.

Dès avant cette époque, au 10 décembre 1848, M. Prestat, alors révoqué, avait chaudement embrassé la cause napoléonienne ; il fit, à cette époque, plusieurs voyages dans le département de la Marne, et il écrivait le journal dans la dernière quinzaine qui précéda l'élection.

Depuis, M. Prestat, soit comme homme, soit comme magistrat, a donné son entier concours au gouvernement impérial. J'ose espérer que Votre Majesté voudra bien m'accorder sa haute et puissante protection pour faire obtenir à M. Prestat la juste récompense de ses services.

Je suis avec un très-profond respect,

De Votre Majesté,

La très-humble servante,

Sabine PRESTAT.

Paris, 78, rue de Provence.

VIII

A Monsieur le duc de Bassano, grand chambellan de Sa Majesté l'Empereur.

Lille, le 25 mars 1861.

Monsieur le grand Chambellan,

L'Empereur a daigné me faire savoir qu'il signerait au contrat de mariage de ma fille, et Votre Excellence a bien voulu m'écrire à ce sujet, le 9 de ce mois.

Ma fille épousant en Belgique M. Léon Warocqué, le contrat a été passé le 20 de ce mois à Bruxelles, suivant l'usage constant dans le département du Nord, quand il y a union entre un Belge et une Française, la patrie du mari réglant l'acte, et quoique le mariage doive se célébrer le 15 avril prochain à Lille.

L'Empereur signe, d'habitude en France, la minute

des contrats, mais la loi belge ne permettant pas au notaire de faire sortir le contrat de son étude, nous avons l'intention de transcrire une expédition spéciale de l'acte pour la soumettre à la signature de Sa Majesté.

Je vous prie, Monsieur le Duc, de me faire connaitre s'il y aurait objection à cet égard, ce moyen nous paraissant le seul qui puisse concilier la discipline rigou-reuse du notariat belge avec la suprême faveur que je tiens essentiellement à obtenir pour ma famille des bontés de Sa Majesté.

Je désirerais savoir également si le notaire belge, M. Bourdin, qui est le notaire ordinaire du roi Léopold, sera tenu de se rendre devant l'Empereur sous le costume spécial qui est obligatoire, je crois, pour les notaires français, ou s'il sera admis à l'honneur de présenter avec nous l'acte à Sa Majesté dans la tenue ordinaire de ville qui est celle sous laquelle il est reçu par son sou-verain.

Veuillez agréer mes excuses, Monsieur le Duc, de la demande de ces renseignements qui me sont, vous le comprendrez, nécessaires, et d'avance toute ma grati-tude à cet égard.

Je suis avec respect,

Monsieur le grand Chambellan,

De Votre Excellence,

Le très-humble et très-obéissant serviteur,

VALLON,
Préfet du Nord.

IX

Mons, le 12 décembre 1869.

Compagnie civile LE PROGRÈS constituée pour la recherche des concessions des chemins de fer, en France et en Belgique

A Sa Majesté Napoléon III, Empereur des Français.

Sire,

Monsieur Ayraud-Dégeorges et moi, ainsi que ma famille, nous étions depuis longtemps liés de relations sociales et d'intérêts, quand sur le milieu de l'année 1864 nous fûmes de commun accord nous fixer en Belgique.

Nos entreprises n'avaient pas réussi, je vivais du petit avoir de ma femme, et la position de M. Ayraud était encore plus précaire. Nous dûmes venir à son aide, mais nos avances se montant bientôt à une somme relativement élevée, il dût songer à nous rembourser ou à nous donner des garanties.

M. Ayraud tenait de feu son beau-père un dépôt qu'il considérait à juste titre comme précieux : celui de quarante lettres ou opuscules émanés de Votre Majesté et qui lui étaient destinées. (Sic) — Malheureux et presque sans ressources, il eut un instant la pensée d'en tirer parti en les exposant en vente publique. Je le dissuadai de ce projet indélicat et acceptai ces documents comme gages de remboursement des prêts faits par ma femme.

Le 14 décembre 1864, un acte fut dressé pour établir cette convention, un inventaire y fut joint pour préciser les objets nantis.

Peu après, et sur mon conseil, M. Ayraud se mit en correspondance avec M. Thélin, par l'intermédiaire de qui ce dépôt vous fut ensuite remis.

Je ne pouvais alors me dessaisir de mon titre. Je restai donc en possession d'un double de l'acte du 14 décembre 1864, de l'inventaire y annexé, d'une copie de lettre de M. Thélin, datée des Tuileries, du 22 décembre 1864, indiquant la remise qui vous avait été faite et démontrant l'importance de cette remise.

Ces pièces sont depuis entre mes mains, je leur attribue une valeur presque aussi grande que celle que je donnais aux documents émanés de votre auguste main. De crainte qu'elles ne tombent un jour dans des mains hostiles, je désire en vous les offrant en personne, vous donner la certitude qu'elles n'appartiendront jamais à un ennemi et une humble preuve de mon fidèle attachement et de mon très-profond respect.

C'est à cette fin, Sire, que j'ai sollicité l'insigne honneur d'une audience de Votre Majesté.

Daignez me l'accorder et croire, Sire, à l'inébranlable fidélité de

Votre très-humble et très-respectueux sujet,

HANICOTTE.

X

A Son Excellence le Duc de Bassano, Grand-Chambellan.

Monsieur le Duc,

Qu'il vous plaise,

Je suis le fils d'un bon citoyen qui vit sa petite fortune engloutie dans le reflux de la gloire impériale, — le neveu des trois Loisel, premiers aides-de-camp du général Ney, qui en consomma deux : *Auguste* et *Prosper*, et congédia *Emmanuel* à bout de sang.

Ma mère, octogénaire, est la sœur du commandant Eudes qui, en 1814, eut (à Paris) l'honneur et le bonheur de sauver la vie à M. le duc de Bassano, entouré d'assassins.

Ma fille est la cousine de Madame Aymar, la nièce du lieutenant-général comte Maulier, la petite-nièce de feu général Milhaud qui se couvrit de gloire surtout à Brienne et au Mont-Saint-Jean. Nommée Napoléonne à sa naissance en 1829, elle fera germer dans le cœur de ses enfants les principes dont j'ai, élève-boursier d'un lycée de 1812, espéré, voulu, conspiré le triomphe.

Daignez, monsieur le Duc, voir dans les lignes qui

précédent, des prétextes sinon des titres à la bienveillance éminente de Votre Excellence.

Vous, le digne *héritier d'un dévouement divin*, vous
ne taxerez pas de folie cet enthousiasme qui, au seul
nom de l'empereur, me remplit de poésie la tête et le
cœur ; laissez-moi, Monseigneur, espérer en vous et
croire encore à la justice : permettez, je vous prie, que
je m'explique :

Le 12 novembre 1852, j'ai été honoré d'une lettre
princière, d'une lettre me conférant un insigne diplôme
de loyauté, à propos de la publication (dans le mois
précédent) d'un de mes généreux pamphlets napoléc-
niens.

En réponse à une double requête, datée par moi des
12 et 13 septembre 1853, j'ai reçu, signée de Son Excellence Monsieur le maréchal Vaillant et écrite *proprio
pogno* par ce grand dignitaire de la couronne, une
autorisation, sur papier timbré, *Service du grand Chambellan*, de publier la brochure numérotée 3 sous le pli
des présentes, imprimée dans toute sa teneur suivant la
minute soumise à Monseigneur le Grand-Maréchal.

Le titre m'attribuait dès lors une qualification hono-
rifique qui comblait mes vœux et ceux de ma mère.
Nul ne me contesta ce bonheur innocent, cette félicité
sans nom pour mon cœur.

L'octroi de cette faveur immense, miraculeuse, acquit
un nouveau caractère d'authenticité, lorsque le commandant de la place de Lille, en vertu d'ordres supé-
rieurs, me munit d'un laisser-passer qui me permit
d'offrir directement à Leurs Majestés Impériales entrant
à Lille, l'hommage de ma *bien-venue*, ladite pièce n° 3.

J'aurais dû mourir au moment où, avec un inoublia-
ble sourire, l'empereur me dit : « *Je suis content de
vous.* » Je portais un uniforme : habit vert galonné
en or aux parements et au collet qui avait, en outre,
deux aigles brodés comme ceux des basques, mais plus
petits ; un gilet blanc ; cravate brodée ; pantalon écar-
late avec bandes en *galon d'or*, dit d'ingénieur ; chapeau

à la française ; épée avec aigle à la coquille de sa garde.

Je suis né peu plaisant ; jeune, j'ai joué ma tête, en 1821, dans la *Vente de la fidélité*, en la compagnie de MM. Gay, Leboudinier, etc. ; au murmure lointain de petits quolibets révolutionnaires, je répondis bravement par la brochure intitulée : *Nos souhaits* , numérotée n° 1er, ci-contre.

Les porteurs de paroles, d'âmes de boue du tripot républicain se turent. Je continuai le port de mon uniforme, bien que, par une exception inexpliquée, je fusse de tous les artistes et écrivains inspirés par la visite impériale, dans le nord de l'empire, le seul à qui une médaille manqua, n'échut point. D'aucuns n'y voyaient qu'une épigramme du hasard ; d'autres y cherchaient un signe de mauvais vouloir de personnes ayant titre pour décider la réparation de leur... oubli. Je m'en trouvais consolé par la promesse... stérile, hélas !... *de l'appui* de M. H. Fortoul et par des lettres d'un grand ministre dont la noble veuve (Madame Ducos) se portait gracieusement ma patronne.

Vint l'époque d'une grande solennité religieuse. On parlait d'une publique prostitution du catholicisme à l'apothéose d'une *famille usée*, de l'exhibition d'un char-trône de *la reine des vertus* couvert de *fleurs-de-lys*, des armoiries flétries par la luxure depuis François 1er jusqu'à... Blaye ; couvé par des gens incorrigibles, prôné par les journaux.... en crédit, ce beau projet insultait aux meilleurs sentiments du Nord ; j'adressai une péti- tion au Sénat, un mémoire à l'Empereur.... Il ne fut plus question de char de style du jacobinisme à rebours ; mais vingt lettres anonymes, chargées de menaces de toute sorte me déclarèrent que ce triomphe sans bruit de mon patriotisme me tuerait moralement. Le 2 juillet 1854, je n'en portais pas moins mon uniforme pendant la procession du jubilé séculaire de Notre-Dame de-la- Treille, *coram populo*, sous l'œil et avec l'approbation implicite de l'autorité, en présence de 300,000 hommes accourus à cette fête.

Le 14 juillet de ladite année 1854, pendant laquelle
j'avais demandé d'aller combattre en Crimée comme....
sergent de zouaves (voir pièce n° 4), Sa Majesté l'Empereur se trouvant à Calais, je courus chercher un rayon
de mon soleil, un regard de mon Dieu...

J'avais l'uniforme sus-détaillé, avec addition depuis
mai précédent d'un nœud or-vert amaranthe fixé sur
l'épaule gauche, et dont s'échappaient les rubans sous
ce pli. Il se rencontrait ce jour-là des hommes affamés
de désordre, complices intentionnels d'un... crime
espéré par eux, d'un exécrable attentat dont ils sèment
encore hebdomadairement le bruit dans nos campagnes.
J'avais porté, moi-même, au cabinet de l'Empereur, une
requête aux fins d'octroi d'une médaille... littéraire;
ces misérables combinèrent à mon détriment un système
de calomnies, à l'aide duquel on déchaîna une averse
d'humiliations sur un homme que leur haine seule
devait recommander : Ils parvinrent à effrayer, à mon
sujet, l'honorable maire de Calais, M. Hyrvois, chargé
de veiller à la conservation du plus auguste personnage,
M. Piétri, dont le cœur est le temple vivant de Napoléon III et les subordonnés toujours zélés... d'un haut
fonctionnaire.

Le 31 juillet 1854, une visite d'un commissaire eut
lieu en mon domicile, plein de mes sentiments viagers;
on emporta les papiers du cabinet modeste où j'écrivais
un panégyrique de l'Empire nouveau et de son créateur
inspiré; on me dépouilla des diverses parties de mon
uniforme; l'habillement fut donné à un tailleur à qui
déjà j'en avais payé partie, et qui ne déduisit arbitrai-
rement, pour cette reprise, que le cinquième du montant de ses mémoires, acquittés depuis.

Je pourrais accuser d'autres violences les personnes
qui, en n'empêchant pas ce scandale, m'ont rendu la
fable des séïdes de la démagogie, m'ont accusé de
socialisme, m'ont exposé à reculer dans les abomina-
tions de la sédition de toute la force de leurs coups. Je
me suis souvenu des miens; et, Dieu aidant, quoique

malade de chagrin, j'ai pendant neuf mois mis toute mon âme à la composition d'un discours sur la poésie, vrai chant de triomphe d'un des témoins les plus attendris des prodiges de cette Majesté dont j'avais prédit la splendeur entrevue dans la brume de l'aurore présidentielle.

La frugalité m'a rendu riche ; je n'ai plus de dettes ;

Ma foi en l'Empire m'a sauvé des crises d'une maladie dangereuse ;

Me voilà debout encore, dévoué, fort, sans peur.

Monsieur le Duc, faites un heureux. Ordonnez que ces pièces soient examinées, et le compte impartial qui en sera rendu décidera Votre Excellence à m'assurer l'autorisation 1° de reprendre les couleurs de Sa Majesté ; 2° de publier les vers des feuillets n° 2 avec le titre souligné du pli n° 3 ; 3° de me produire, ainsi, démenti vivant, des espérances de lâches coquins.

Dieu garde l'Empereur ! Dieu m'envoie une médaille!..

Dieu protége Votre Excellence en qui espère son plus respectueux et plus dévoué serviteur,

P. LOISEL,
Lille, rue Saint-André, n° 107,
le 7 octobre 1855.

PIÈCES JUSTIFICATIVES :

7 petites brochures, n°ˢ 1 et 3 ;
1 feuillet manuscrit n° 4 ;
1 publication en projet n° 2 ;
2 rubans brodés ridiculisés par... des imbéciles.

XI

Roubaix, 16 août 1863.

Sire,

Vous avez voulu récompenser mon vieux et inaltérable dévouement en me nommant grand officier de la Légion-d'Honneur.

Daignez agréer mes sincères et humbles remercie-ments. Puisse Votre Majesté jouir longtemps de ses constants efforts pour la gloire, la prospérité et le repos de la France !

Et puissé-je être appelé à lui prouver encore mon zèle et la seconder selon mes forces et ma volonté !

J'ai l'honneur d'être,

Sire,

de Votre Majesté,

Le très-humble et très-fidèle sujet,

MIMEREL, sénateur.

XII

Paris, 11 juillet 1854.

A Son Excellence le grand Chambellan,

Monsieur le Duc,

Je viens prier Votre Excellence d'obtenir pour moi une audience de Sa Majesté.

L'Empereur a bien voulu accueillir avec bienveillance la pétition que je lui ai adressée pour lui demander de rentrer au conseil d'Etat ; je serai heureux de pouvoir exprimer à Sa Majesté ma profonde reconnaissance.

J'ai l'honneur d'être, Monsieur le Duc,

de Votre Excellence,

Le très-humble serviteur.

MARTIN DU NORD.

17, rue de Vienne.

— 18 —

XIII.

A Son Excellence le Grand Chambellan,

Monsieur le Duc,

Serait-ce indiscret de venir vous demander un billet de tribune, pour assister à la revue de demain et vous rappeler que je serais bien heureux d'être au nombre des invités au prochain bal des Tuileries.

Veuillez agréer, Monsieur le Duc, mes remerciements à l'avance et l'assurance de mon respectueux dévouement.

CARPEAUX.

Paris, ce 2 juillet 1867.

XIV

Arras, 14 novembre 1867.

Monsieur le Duc,

Je désirerais offrir à Leurs Majestés Impériales deux exemplaires spécialement préparés pour elles de la relation de leur voyage ou plutôt de leur marche triomphale dans le nord de la France.

J'ai été heureux, après avoir célébré « le rétablissement de l'empire, la guerre de Crimée, le baptême du Prince Impérial, la guerre d'Italie, » de rencontrer une nouvelle occasion d'affirmer les sentiments de profond dévouement à la dynastie impériale qui m'ont été légués par mon père, vieil officier supérieur et chevalier du premier empire.

Permettez moi d'espérer, monsieur le Duc, que Votre Excellence daignera, en considération de ces sentiments, faire parvenir à l'Empereur la demande de l'audience

que j'ai l'honneur de solliciter pour remettre mon ouvrage à Sa Majesté.

J'ai l'honneur d'être,

avec un profond respect,

Monsieur le Duc,

De Votre Excellence, le très-humble et très-obéissant
serviteur,

Baron G. de SÈDE.

Note. — A cette lettre du rédacteur en chef du *Courrier
du Pas-de-Calais*, est jointe l'apostille suivante :

« Je prends la confiance d'ajouter à la demande de
M. le baron de Sède qui occupe une excellente position
à Arras et dans l'administration, que j'ai lu *sa relation
du voyage de Leurs Majestés,* et qu'elle est aussi intéres-
sante par son bon esprit et son exactitude que par l'élé-
gance de son style.

Signé : MARQUIS d'HAVRINCOURT.

XV.

*A Son Excellence Monsieur le duc de Bassano,
sénateur et grand chambellan.*

Monsieur le Duc,

J'appartiens à une famille dès longtemps dévouée à
la dynastie impériale. Mon grand'père, M. de Warenghien, ancien conseiller au Parlement de Flandre, a été
nommé successivement par Napoléon 1er procureur
général et premier président de la Cour Impériale de
Douai et créé baron de l'empire ; mon frère a été ordon-
nateur par intérim de 1808 à 1814 à Lille. Munster,
Besançon et Amsterdam ; le général de Warenghien,
mon oncle, a été nommé à ce grade pendant les Cent-
Jours ; le général Lahure, aussi mon oncle par alliance,
était membre du Corps législatif. Tous quatre victimes

de la réaction de 1815, ont été punis soit par la perte de leurs places, soit par la demi-solde, de leur dévouement à l'empereur pendant cette époque de gloire et de malheur.

Héritier de leur admiration pour le grand nom de Napoléon, admiration que j'ai manifestée en 1831 dans mon discours d'inauguration du tribunal de St-Quentin et dans un écrit publié en 1837, je viens vous prier, Monsieur le Duc, de m'aider à obtenir le plus tôt possible une audience de Sa Majesté, à qui je désire demander la place de Président de Chambre actuellement vacante à la Cour impériale de Douai.

Vous comprendrez, Monsieur le Duc, vous qui avez été si bienveillant pour mon frère, aujourd'hui Président à Valenciennes, que Sa Majesté, en m'accordant cette faveur, relierait ainsi au second empire les traditions du premier, et réunirait en un seul faisceau les sentiments de dévouement et de gratitude que moi et tous les miens avons toujours eu au fond du cœur pour la dynastie impériale.

Agréez, je vous prie, Monsieur le grand Chambellan, l'hommage du profond respect avec lequel,

J'ai l'honneur d'être, de Votre Excellence,

Le très-humble et très-obéissant serviteur,

Baron de WARENGHIEN.

Paris, octobre 1860, 1, hôtel du Louvre, rue de Rivoli.

XVI

Monsieur le Duc,

Sa Majesté l'Empereur a bien voulu me témoigner toujours une bienveillante bonté qui s'est même traduite jusqu'à l'insigne honneur de m'admettre à sa table à St Cloud.

Ayant une pièce à adresser à Sa Majesté, je serai très-heureux, Monsieur le Duc, si Elle daignait me comprendre au nombre des personnes auxquelles dimanche, après la messe, Elle accordera la faveur d'une audience que j'ose solliciter en ce moment.

Espérant, Monsieur le Duc, que vous serez assez bon pour soumettre mon désir à Sa Majesté et aussi me faire connaître sa volonté,

Je suis avec respect,

Monsieur le Duc,
De Votre Excellence,
Le très-obéissant serviteur,
Le Ch^{er} BIGANT,
Président de Chambre à la Cour impériale
de Douai.

Paris, 7 avril 1868.

Hôtel du Tibre, rue de Helder, 8.

XVII

Roubaix, le 4 juillet 1867.

A Monsieur le Secrétaire chef du cabinet de Sa Majesté l'Empereur.

Monsieur le Secrétaire,

Le 26 septembre 1853, alors juge-de-paix à Condé-sur-Escaut, j'ai adressé à votre prédécesseur l'anagramme suivante, en le priant de la mettre sous les yeux de Sa Majesté Impériale.

Dans cette inscription française :
A LL. MM. II.
NAPOLÉON ET EUGÉNIE
Empereur et Impératrice des Français,

se trouve lettre pour lettre la phrase suivante :

N

Napoleo et Mares, Dei opere, imperium feliciter regent in sœcula.

Traduction :

« Napoléon et ses descendants mâles, avec la grâce de Dieu, gouverneront heureusement l'empire pendant une longue suite de siècles. »

Sa Majesté a daigné me faire connaître par une lettre de son cabinet, en date du 8 décembre 1853, qu'Elle avait « reçu avec plaisir cette ingénieuse expression de mes sentiments. »

Vingt sept mois plus tard, le 16 mars 1856, est né l'enfant de France.

La divine Providence vient de rendre une santé florissante au Prince Impérial malade à son entrée dans l'adolescence.

Actuellement juge-de-paix à Roubaix, je suis certain d'avoir été le fidèle interprète des sentiments de mes 90,000 justiciables, en envoyant une adresse à Sa Majesté à l'occasion de l'attentat du 6 juin, et en bénissant le Dieu tout puissant qui protége la France et qui a sauvé avec son hôte auguste l'Empereur constitué en quelque sorte l'arbitre suprême ou le JUGE-DE-PAIX DU MONDE dans ce congrès universel des peuples et des souverains venus à Paris de tous les points du globe pour se réunir autour de Sa Majesté Impériale dans les grandes assises de l'industrie.

Je suis également convaincu que tous les cœurs, dans le canton de Roubaix, vibrent à l'unisson avec le cœur du magistrat cantonal dans le concert d'actions de grâces qu'ils offrent au Seigneur pour le rétablissement de la santé du fils aîné de France et dans les élans qui voudraient faire monter leurs félicitations jusqu'au père de la patrie et du Prince Impérial, jusqu'à la mère héroïque du Prince et de tous ceux qui souffrent et aussi jusqu'au jeune héritier du plus beau trône de l'univers.

J'ai l'honneur d'être, bien respectueusement,

Monsieur le Secrétaire,
Votre très-humble serviteur,
Le juge-de-paix de Roubaix,

BONNIER. (1)

XVIII

(Les lettres qu'on va lire font partie du dossier de M. de Clebsattel, ancien député, conseiller général du Nord. Nous ne publierons pas toutes les lettres qui composent ce dossier. Ce livre n'y suffirait pas, et d'ailleurs toutes ces lettres se ressemblent : ce sont des demandes de places. La première que nous publions a cela de particulier et d'instructif qu'elle fait l'historique du fameux travail de feu M. Vallon, sur les circonscriptions électorales. Il est curieux de voir ce travail jugé comme il le mérite par un ancien candidat officiel.'

M. de Clebsattel, ancien Député, Conseiller général du Nord, à Sa Majesté l'Empereur Napoléon III :

Sire,

Que Votre Majesté me pardonne de lui rappeler des droits qu'elle a reconnus. Des affaires de toutes espèces soumises à votre décision impériale ne peuvent pas permettre à une mémoire, quelqu'heureuse qu'elle soit, de se rappeler des faits qui n'ont qu'une importance relative. Quelques mots donc sur l'origine de ma demande.

En 1848, j'étais avocat, à la tête du barreau de Dunkerque (Nord) où je suis né ; je fus un des soutiens les plus ardents de votre candidature à la présidence. J'étais à cette époque, membre et secrétaire élu du Con-

(1) M. Bonnier est encore juge-de-paix à Roubaix. Qui osera dire que la République n'est pas clémente ?

seil général du Nord. Monsieur de Persigny a été témoin à cette époque de mes efforts.

En 1850, le Conseil général du Nord, sur ma proposition (et après une lutte où toutes les violences de langage me furent prodiguées) décida qu'il y avait lieu de demander des modifications à la Constitution en ce qui concernait l'impossibilité de réélection du Président de la République. Enfin, dès la nouvelle du coup d'Etat, je me prononçai avec fermeté pour l'ordre de choses qui venait de s'établir.

Le département du Nord était alors administré par M. Besson qui me fit aussitôt les plus vives instances pour que j'acceptasse la candidature au Corps législatif dont les fonctions étaient alors gratuites. J'hésitai à accepter cette candidature, toute ma famille et mes meilleurs amis m'engageaient à ne pas quitter une position certaine que quinze années de travail m'avaient créée ; les instances du préfet redoublèrent, il fit appel à mon dévouement et je cessai d'hésiter. Je fus nommé en 1852 sans concurrent et à une immense majorité ; en 1857 je rencontrai un compétiteur du pays, qui, malgré des efforts prodigieux, ne put réunir la moitié du nombre de voix que j'obtins.

En 1863, il fallut procéder à une nouvelle réélection, le département du Nord, au lieu de huit députés, dut en élire neuf. Jusque-là chaque arrondissement avait nommé son député, l'arrondissement chef-lieu de Lille en nommant deux.

Que Votre Majesté permette une entière franchise à un homme qui a donné toutes les preuves de dévouement à sa personne et à sa dynastie. Il y avait dans le Nord un député profondément antipathique au ministère et au préfet, c'était M. Plichon. On imagina de faire disparaître la circonscription ou l'arrondissement qui le nommait, en morcelant cet arrondissement ; on adjoignit trois de ses cantons à l'arrondissement de Dunkerque, ce qui porta le nombre des électeurs de 29,000 à 42,000. On me donnait ainsi 13,000 électeurs furieux de n'avoir plus de mandataire direct au Corps législatif, avantage dont aucun gouvernement ne les avait privés depuis 1789.

Les effets suivants démontrent avec évidence qu'on m'a ainsi bien involontairement empêché d'être réélu et que sans cette adjonction si considérable à mon arrondissement électoral, ma réélection était certaine. M. Plichon ne mit en avant sa candidature que huit jours avant l'élection où il arriva à Dunkerque avec son beau-père M. Boitelle, qui se chargeait de rassurer les gens attachés à l'Empire en déclarant qu'il soutenait de l'aveu de son frère, le préfet de police, la candidature de son gendre, et qu'il y avait là la démonstration qu'aucune hostilité n'existait entre le gouvernement et M. Plichon. Les chefs du clergé qui jusqu'alors m'avaient été sympathiques me demandèrent quel aurait été mon vote lors de l'amendement présenté à l'Adresse, sur le pape, touchant la papauté et rejeté par l'Assemblée (ces messieurs savaient qu'à cette époque j'étais trop souffrant pour pouvoir me transporter à la Chambre); je déclarai avec une entière franchise que j'aurais voté contre l'amendement, parce que j'y voyais plutôt une manœuvre d'opposition que toute autre chose, que mon opinion sur la papauté, à moi catholique pratiquant et fils de catholique, n'était pas douteuse, que je voulais à tout prix le maintien de la papauté, que je croyais nécessaire à ce maintien l'indépendance, par conséquent la souveraineté du pape, que j'étais prêt à donner sur ce point les explications les plus catégoriques.

Le résultat fut que sur 88 communes formant la totalité de la circonscription, on prêcha le dimanche matin, jour de l'élection, dans 81 communes, en faveur de l'élection de mon concurrent et que dans un grand nombre de ces églises, on ne craignit pas d'ajouter que ceux qui ne voteraient pas pour l'homme qui avait soutenu le Pape de ses discours et de son vote iraient en enfer les pieds en avant.

Je crains d'abuser des instants si précieux de Votre

Majesté, sans cela je lui rappellerais l'odieux moyen employé pour obtenir des articles élogieux au point de vue anglais et au point de vue du libre-échange, dans les journaux de la Grande-Bretagne ; la traduction de ces articles achetés à prix d'argent insérée dans le journal qui paraît à Lille le samedi soir et est distribué à Dunkerque le dimanche matin, jour même de l'élection avec ces quelques paroles :

« Aux électeurs de la première circonscription à savoir s'ils veulent nommer un député français ou un député patronné par l'Angleterre ! » Tous les moyens du reste avaient été bons ; on avait assuré mes amis que l'Empereur avait formellement promis de m'appeler à la dignité de sénateur si j'échouais.

L'issue d'un combat si inégal ne pouvait être douteuse, les cantons adjoints votèrent presque à l'unanimité en faveur de M. Plichon et je me trouvai en minorité de 6,000 voix. Il en résulte donc que sans l'adjonction des 3 cantons d'Hazebrouck, j'étais nommé malgré toutes les circonstances que je viens de rappeler. M de Persigny, qui m'honore de son amitié ; M. Thuillier, qui m'a toujours été favorable furent contraints de reconnaître que sans cette mesure, ma réélection était certaine, et ce qui l'a prouvé, c'est que, malgré cet échec, j'ai été renommé depuis membre du Conseil général du Nord.

Dans cette position, je m'adressai à Votre Majesté qui me fit l'honneur de m'accorder une audience et de me promettre un dédommagement pour une carrière brisée et qu'il m'était impossible de reprendre.

Je sollicitai, à cette époque, une place de Conseiller d'Etat ; mais il y a rarement des vacances, souvent des engagements antérieurs pris ; j'échouai donc. En 1864, M. Besson, qui connaissait mieux que personne les détails de cette affaire, fut reçu par Votre Majesté qui lui dit combien les places de Conseillers d'Etat étaient rares et difficiles à donner, et daigna ajouter qu'une place de Receveur général était plus facile et plus sûre, et que Votre Majesté daignerait se souvenir de moi à l'occasion.

Je fis alors une demande de Recette générale la moins éloignée possible de Paris ; elle fut transmise au Ministre des finances avec une recommandation de Votre Majesté. Depuis, cinq ou six nominations ont eu lieu et je n'ai rien vu venir.

Votre Majesté a aujourd'hui à sa disposition les moyens bien faciles de récompenser le dévouement profond que je lui ai toujours montré. M. Langlais laisse une place vacante au Conseil d'Etat. Les études de toute ma vie font de cette position l'objet de mes plus vifs désirs, j'ai la profonde conviction que je pourrais rendre de bons services à l'Empire et à Votre Majesté, que j'apporterais au *sein du Conseil d'Etat* l'expérience de vingt années d'études judiciaires, et si Votre Majesté désirait être éclairée sur ma capacité, elle peut interroger le Ministre d'Etat et le Ministre présidant le Conseil d'Etat ; j'espère que ces Messieurs sont aussi convaincus que moi que ma parole serait entendue avec bienveillance par la Chambre où je puis dire que je compte presque autant d'amis que d'anciens collègues. Je sais que M. le Ministre d'Etat et M. le Président du Conseil d'Etat peuvent désirer la nomination d'autres personnes, mais il me paraît impossible qu'ils méconnaissent que l'effet de ma nomination ne serait à la fois bon et politique. Il semble que la personne dont on parle le plus pour ces fonctions, qui était maître des requêtes il y a deux ans, qui est aujourd'hui préfet de première classe, pourrait attendre sans disgrâce une prochaine vacance.

Que Votre Majesté juge et, si sa détermination ne m'était favorable, je la supplierais de vouloir bien penser à moi lors de la nomination du *Conseiller maître à la Cour des comptes*, qui doit remplacer M. Savalète, arrivé à la limite d'âge. Votre Majesté a déjà promu à une de ces places, un de mes collègues à la Chambre, M. Lequien, et il y a encore d'autres précédents. Je serais bien plus heureux de siéger au Conseil d'Etat ; mais, si cela est impossible, nulle position ne me conviendrait mieux que celle de Conseiller maître à la Cour des comptes. On sollicite, m'a-t-on dit, vivement cette position en faveur du secrétaire particulier d'un ministre. Il me semble, j'ai promis à Votre Majesté une franchise complète, il me semble, dis-je, que le secrétaire de M. le duc de Morny et celui de M. le Président du Sénat sont entrés à la Cour des comptes comme conseillers référendaires de 2e classe et qu'une position semblable devrait suffire à l'ambition du secrétaire d'un ministre.

Quoiqu'il en soit, c'est à Votre Majesté à apprécier les droits et les services de chacun. J'ai fait partie douze ans du second corps de l'Etat, j'ai eu l'honneur d'envoyer à Votre Majesté une lettre de M. le duc de Morny qui reconnaissait d'une façon aussi aimable que vraie les services que j'y avais rendus au gouvernement. Un seul mot de Votre Majesté suffirait à m'assurer cette position que je crois avoir méritée.

Si cependant, quelque impossibilité empêchait Votre Majesté de m'accorder l'une ou l'autre de ces demandes, qu'Elle se rappelle sa promesse antérieure en ce qui concerne *une Recette générale*. Que Votre Majesté daigne se rappeler que j'attends depuis plus de *deux ans*, que cette attente est bien connue dans le Nord que j'habite et que j'ai représenté douze ans, qu'on ne peut s'y expliquer que le gouvernement de l'Empereur laisse ainsi dans le plus profond oubli ceux qui l'ont servi au jour du danger, qui ont sacrifié une position acquise, pour le soutenir et l'acclamer. Il y a là quelque chose que les ennemis de l'Empire seuls voient avec plaisir et qui afflige profondément ceux qui tiennent avant tout à ne pas le voir accuser d'ingratitude.

Encore une fois, Sire, pardonnez aux nécessités d'une position que Votre Majesté doit connaître à présent. Ces nécessités, qui s'accroissent chaque jour par suite de l'âge auquel arrivent mes enfants peuvent seules im-

poser à ma fierté de gentilhomme de semblables solli-
citations.

J'ose donc compter sur la bienveillante indulgence
de l'Empereur pour la franchise absolue que je lui
montre, et, quelle que soit sa décision, je serai fier de
continuer à me dire avec une profonde conviction l'un
de ses plus fidèles et de ses plus dévoués sujets.

Que Votre Majesté daigne, je l'en supplie, me faire
répondre quelques mots qui seraient le meilleur baume
à une santé qui a besoin de voir son sort et celui de ses
enfants fixés d'une façon définitive.

Dans cette attente,
J'ai l'honneur de me dire,
De Votre Majesté,
Le très-humble, très-obéissant et très-fidèle
sujet et serviteur,

A. DE CLEBSATTEL.

Hôtel Napoléon,
Plombières.

(Sur cette lettre, nous trouvons une note écrite au
crayon et ainsi conçue : « Répondre sans prendre d'engagements. » »

XIX

Du même au même.

Sire,

Votre Majesté avait daigné me promettre de m'appeler
aux fonctions de Receveur général ; par suite des nouvelles dispositions arrêtées, je ne puis plus aspirer à
cette position; mes loyaux services et mon dévouement,
Votre Majesté a bien voulu le reconnaître, me donnent
quelques titres à sa haute bienveillance.

Permettez-moi, Sire, de les invoquer dans cette circonstance; une place de *Sous-Gouverneur de la Banque de France* est aujourd'hui vacante par le décès du titulaire; je viens supplier l'Empereur de se ressouvenir que, douze ans député dévoué au Corps législatif, je siégerais encore dans son enceinte sans des circonstances qui lui sont connues et qui peuvent être rappelées à sa mémoire, si Elle daignait interroger sur ce point M. Piétri naguère Préfet du Nord.

Depuis plus de douze ans, je remplis comme administrateur et comme censeur de la Banque de France à Dunkerque, des fonctions qui m'ont rendu familiers les détails du service de cette grande institution nationale.

Ce serait combler tous mes vœux, Sire, que de m'attacher à la Banque de France en qualité de Sous-Gouverneur; j'ose adresser mon humble demande à l'Empereur dont le cœur généreux n'oublie ni les dévouements ni les services; je trouverais là la compensation d'une position perdue et des sacrifices que j'ai faits. Votre Majesté a bien voulu m'en promettre la compensation. J'ose espérer qu'Elle daignera se le rappeler, j'ai confiance entière dans le souvenir qu'Elle a pu conserver de l'audience qu'elle m'a accordée il y a un an.

Jai l'honneur d'être, avec le plus profond respect,
De Votre Majesté,
Le très-humble, très-obéissant et très fidèle serviteur et sujet,

A. de CLEBSATTEL
Conseiller général.

27, rue du Faubourg St-Honoré.

XX.

Du même au même

Sire,

Permettez-moi de faire un nouvel appel aux sentiments de haute bienveillance de Votre Majesté en faveur des hommes qui l'ont fidèlement servie.

Au moment où l'Empereur va pourvoir à la nomination de plusieurs Recettes générales, entre autres à Limoges, je ne l'entretiendrai pas de nouveau des services dévoués que j'ai pu rendre pendant douze ans comme député au Corps législatif, pendant dix-huit ans comme secrétaire du Conseil général du Nord ; vous avez bien voulu, Sire, les apprécier et me donner l'assurance qu'ils ne resteraient pas sans récompense ; je supplie Votre Majesté de daigner se rappeler, qu'il y a deux ans Elle a bien voulu me faire la promesse d'une Recette générale et que j'attends avec confiance et espoir la réalisation de cette promesse.

J'ai l'honneur d'être, Sire, avec le plus profond respect,

De Votre Majesté ,
Le très-humble et très-obéissant
serviteur et sujet,

A. de CLEBSATTEL.

Paris, ce 22 novembre 1865.
59, Boulevard Malesherbes.

XXI

(Les lettres de M. de Clebsattel réunies dans le dossier n° 13163, ont été placées dans des feuilles sur lesquelles ont été transcrites les notes émanant du cabinet de l'Empereur. En voici la copie :)

1864.

Objet de la requête : Rappelant une audience de Sa Majesté et la promesse qui lui a été faite, M. de Clebsattel sollicite une place au Conseil d'Etat.

22 octobre 1864.

A M. de Clebsaltel, 108, rue de la Pépinière.

La requête par laquelle vous sollicitez une Recette générale a été renvoyée, par ordre de l'Empereur, à l'exa·men du Ministre des finances.

7 janvier 1865.

L'Empereur n'a pas oublié votre demande d'une Recette générale; mais quels que soient vos titres à la bienveillance de Sa Majesté, des engagements antérieurs, dont plusieurs restent encore à remplir, ne lui permettent pas de répondre en ce moment à vos vœux. Elle me charge d'avoir l'honneur de vous exprimer tous ses regrets.

Avril 1865.

Monsieur, l'Empereur a pris connaissance de la lettre que vous lui avez adressée. Sa Majesté qui, pendant deux législatures, a pu apprécier votre dévouement. serait heureuse de pouvoir le reconnaître en vous appe·lant à l'un des postes que vous sollicitez; mais des enga·gements déjà anciens ne permettent pas à l'Empereur de prévoir, en ce moment du moins, la possibilité de réa·liser vos espérances.

9 octobre 1865.

J'ai l'honneur de vous informer que votre requête, sollicitant une place de Conseiller maître à la Cour des comptes ou la Recette générale de Limoges, a été ren·voyée, par ordre de l'Empereur, à l'examen de M. le Ministre des finances.

2 mai 1866.

Le choix de la personne destinée à occuper le poste de sous-gouverneur de la Banque était déjà arrêté lors·que l'Empereur a reçu la requête par laquelle vous avez sollicité ces fonctions. Il n'a donc pas été possible de donner suite à votre demande et telle est la réponse que je suis chargé de vous adresser.

17 février 1868.

J'ai l'honneur de vous informer que votre requête, sollicitant une Recette particulière pour monsieur votre Fils, a été renvoyée, par ordre de l'Empereur, à l'examen du Ministre des finances.

16 mars 1869.

J'ai l'honneur de vous informer que la requête par laquelle vous sollicitez, pour monsieur votre Fils, la Recette particulière de Dunkerque, a été renvoyée, par ordre de l'Empereur, à l'examen du Ministre des finances.

10 août 1869.

A Monsieur le Ministre des Finances.

L'Empereur m'a chargé de transmettre à Votre Excellence la note ci-jointe concernant M. de Clebsattel en faveur de son fils qui sollicite la Recette particulière de Dunkerque. Une première demande a été transmise à Votre Excellence, le 16 mars dernier, par ordre de Sa Majesté.

XXII

(Voici trois lettres qui font partie du dossier de la grande aumônerie. Dans leur naïve simplicité, elles sont curieuses à lire. Ces prêtres, dénonçant leurs collègues ou racontant leurs excès de zèle électoral afin d'obtenir une faveur, n'est-ce pas quelque chose de profondément comique? Les lettres de cette catégorie sont innombrables; nous prenons dans le tas).

A *Sa Majesté l'Impératrice*,

Madame,

C'est un pauvre curé de campagne, de l'arrondissement de Dunkerque, qui ose adresser une prière à Votre Majesté.

La vierge que nous honorons dans ma modeste église est, depuis plusieurs siècles, l'objet d'un culte particulier. L'autel occupé par cette vierge était délabré et tombait en ruines. J'ai fait un appel à mes paroissiens, et les ressources fournies par leur piété m'ont permis de construire un autel plus convenable et plus digne. Afin d'ajouter, pour ainsi dire, une consécration patriotique à la consécration religieuse, j'ai intéressé à cette œuvre tous les hommes honorables du canton à qui l'Empereur a daigné conférer l'ordre de la Légion d'honneur. Aucun d'eux n'a refusé de nous apporter son obole. Il ne nous manque plus, Madame, qu'un souvenir de votre main si libérale et si pieuse. Un souvenir quelconque nous serait infiniment précieux, *mais un calice*, par exemple (si j'ose exprimer un désir) serait pour mon église un souvenir durable et y demeurerait à jamais. Nous serions bien heureux et bien fiers d'inscrire le nom de l'impératrice Eugénie à la tête de nos bienfaiteurs.

Il se trouvera ici bon nombre d'âmes, Madame, qui prieront sincèrement Dieu pour Votre Majesté; et je suis persuadé que, dans ces prières, la vierge-mère distinguera, avec une tendresse spéciale celles qui lui recommanderont une mère si noble et si auguste et un fils bien-aimé dont l'avenir est uni si étroitement à l'avenir de la France.

Daignez agréer les sentiments de profond respect avec lesquels j'ai l'honneur d'être,

Madame,

de Votre Majesté,

Le très-humble et très-obéissant serviteur,

L'abbé CORTYL,

Curé de Wylder, arrondissement de Dunkerque (Nord).

Ce 23 janvier 1866.

XXIII

A Son Eminence le grand Aumônier.

Monseigneur,

J'ai appris avec le plus grand étonnement que M. Cortyl, mon voisin, curé de Wylder, canton de Bergues, département du Nord, a demandé une chasuble à l'Empereur, et qu'on lui a répondu qu'il aura quelque chose de plus solide ; sa demande est donc accordée ; il s'attend à un calice.

Comme je pense que vous aimez à être bien renseigné sur les personnes où vous donnez, je vous dirai qu'il est de notoriété publique ici qu'il a fait, au moment des élections, tout ce qui lui était possible pour la candidature de M. Plichon, candidat de l'opposition ; M. de Clebsattel, candidat du gouvernement, qui a échoué, n'a eu dans cette paroisse que trois voix, et dans la mienne il a eu la majorité ; puis il a donné un dîner à M. Plichon, il a fait faire des portes triomphales, des arcs de triomphe parés de guirlandes, tirer des coups de fusil dans les rues où il devait passer, il y avait des pourboires dans tous les cabarets.

J'ignore par qui sa pétition a été présentée, il dit qu'elle a été remise à Monseigneur Darboy, je suis loin d'en garantir la vérité.

Vous jugerez, Monseigneur, dans votre haute sagesse, s'il convient ou non d'y donner suite ; s'il l'obtient, cela fera un singulier effet dans le pays.

J'ai l'honneur d'être, avec le plus profond respect,

Monseigneur,

Votre très-humble et tout dévoué serviteur,

PUPPINCK,

Curé.

Bambecque, le 10 mars 1866.

XXIV

Note pour Monseigneur le grand Aumônier.

Le samedi soir 20 décembre 1851, le maire vint me trouver. M. le curé, me dit-il, nos électeurs n'iront pas voter demain si vous ne leur dites pas à la messe un mot pour les y engager. Je lui répondis, M. le maire, la politique ne doit pas monter en chaire, cependant j'y réfléchirai, et nous tâcherons de faire sortir nos électeurs de leur apathie ordinaire.

Le lendemain dimanche je montai en chaire, et, après avoir fait à mes paroissiens une petite et simple instruction pendant dix minutes, j'adressai aux électeurs qui se trouvaient dans l'église, l'allégorie suivante :

Une mère chérie de ses enfants étant malade, sept médecins traitaient sa maladie, ils employaient tous leurs moyens pour la guérir; malgré tous leurs soins, cette mère dépérissait de jour en jour; son pouls devenant de plus en plus mauvais et les symptômes du mal augmentant toujours, une vive inquiétude s'était emparée des enfants. Voyant cet état de désespoir et voulant sauver cette mère chérie, un des sept médecins, le docteur, sans consulter ses collègues, lui administra un remède qu'il crut l'unique nécessaire pour la guérir.

Et en effet, depuis qu'elle a pris ce remède, elle va de mieux en mieux, le pouls est très-bon, de plus la confiance a succédé à l'inquiétude que ces enfants avaient de perdre leur mère.

Mais voici que les six autres médecins leur disent que ce docteur n'a pas bien agi, qu'il mérite d'être puni, parce que, pour guérir leur mère, il n'a pas, selon eux, suivi les règles ordinaires de la médecine.

Les enfants ont répondu : peu nous importe, s'il n'a pas suivi les règles ordinaires, tout ce que nous demandions, c'était de conserver notre mère, son remède l'a sauvée, nous avons confiance en lui, nous voyons qu'il connaît son tempérament, et quelle que soit la somme qu'il exige pour ses honoraires, nous ne voulons plus d'autre médecin que lui pour la traiter à l'avenir.

Savez-vous ce qu'il leur demande, ce docteur, pour avoir guéri leur mère ? il demande que tous les enfants de cette même mère, ceux que cette paroisse comme ceux de toute la France, se montrent reconnaissants.

Vous m'avez compris, électeurs qui m'écoutez ainsi à l'exemple de votre pasteur qui a hier voté oui, vous aussi, en enfants bien nés et en vrais français, vous irez tous aujourd'hui dire et voter oui.

Au lieu d'une cinquantaine de votes qu'on retirait précédemment de l'urne électorale, il en est sorti cette fois 236, cinq non, un billet blanc et 230 oui.

Dévoué à Napoléon III, l'auteur de cette allégorie aimait Napoléon 1er.

Il regretta vivement de ne pouvoir le servir, il grandit après avoir été réformé pour défaut de taille. *Sic voluit Deus*, car, dix ans plus tard, contre son attente et malgré son indignité, feu monseigneur Belmas l'ordonna prêtre. Depuis lors, il sert son Dieu et l'église avec dévouement comme il aurait servi son Empereur et la France, s'il eût eu l'honneur d'être militaire.

L'heureux événement du 2 décembre 1851, le triple triomphe du suffrage universel, des considérations sur le passé comme sur tout ce qui se passe depuis quatre à cinq ans, ont convaincu le soussigné que Napoléon III et sa dynastie sont choisis de Dieu pour gouverner la France. Ayant eu sur ce point, par correspondance et en vers, une polémique avec un légitimiste son ami, il termina victorieusement ainsi qu'il suit :

Après ces quelques vers empreints de politique,
Le curé soussigné cesse sa polémique,
Huit millions de voix le nomment souverain,
Napoléon est donc de par le droit divin,
De part la nation souverain légitime.
Toujours, bien entendu, d'après cette maxime.

Vox populi
Vox Dei.

DESTOMBE,

curé de Flers, près Douai.

12 décembre 1852.

XXV

(Nous commençons un chapitre des plus curieux. C'est la reproduction des notes préparées pour l'ex-impératrice lors de son voyage à Lille. Ces notes sont transcrites sur un livre doré sur tranches, avec couverture de maroquin rouge. Nous les avons copiées avec une scrupuleuse exactitude. On va voir l'appréciation de l'entourage impérial sur les personnages les plus considérables de notre ancien monde officiel. Ces messieurs eux-mêmes ne liront pas sans intérêt ce que les Dangeau de la Cour impériale ont pensé et écrit sur leur compte)

M. PLICHON (1re circonscription). — Député depuis 1857, réélu en 1863 malgré les efforts de l'administration, par 19,326 voix contre 12,337 données à son concurrent, M. de Clebsattel, candidat officiel. — Attitude d'opposition; clérical, protectionniste, et, pour la politique intérieure, libéral. — Partisan ardent du pouvoir temporel du pape. — Situation forte. — M. Plichon se trouve le plus souvent en désaccord avec la politique du gouvernement, mais il est dynastique néanmoins et professe un sentiment de respect pour la personne de l'Empereur. — Chevalier de la Légion d'honneur. — Le préfet pense que *la conversion de M. Plichon serait facile à Sa Majesté l'Impératrice*, M. Plichon ayant une véritable vénération pour Sa Majesté.

M. KOLB-BERNARD (2me circonscription.) — Député

depuis 1859, réélu en 1863 par 14,381 voix contre 11,727 données à son concurrent, M. Géry Heddebault, le gouvernement gardant la neutralité. — *Attitude flottante.*—Partisan du pouvoir temporel ; au fond, clérical. — Situation personnelle ordinaire. *Pourrait ne pas être renommé;* mais l'administration n'a peut être pas d'intérêt à le combattre. — Chevalier de la Légion d'honneur.

M. DES ROTOURS (3ᵐᵉ circonscription). — Député depuis 1863 ; élu par 17,900 voix contre 12,400 données à son concurrent républicain, M. Flament. — *Excellente attitude,* très-considéré, *très-dévoué,* appuyé par la majeure partie du clergé. Bonne situation. Sera réélu sans difficulté sérieuse avec l'appui de l'administration qui doit le soutenir énergiquement, la circonscription qu'il représente comprenant trois cantons de la ville de Lille où l'opposition démocratique est forte et active, et dont l'un vient de nommer son ancien compétiteur Conseiller général. — Chevalier de la Légion d'honneur.

M. Jules BRAME (4ᵉ circonscription).—Député depuis 1857, élu à cette époque comme candidat officiel, sans concurrent, par 23,955 voix sur 24,204 votants. — *Attitude assez bonne.* — Indépendant, mais dynastique. — Impérialiste radical. — Ardent défenseur du système protectionniste. — Situation très-forte.

M. LAMBRECHT (5ᵉ circonscription).—Député depuis 1863 ; élu par 12,000 voix contre 11,000 données à M. Choque, candidat officiel, député sortant.— Attitude d'opposition ; — *aide-de-camp de M. Thiers.* — Relations légitimistes. — Situation qui, après avoir paru un instant affaiblie, tend à se consolider. — *Doit être combattu énergiquement.*

M. le marquis D'HAVRINCOURT (6ᵉ circonscription). —Député depuis 1863, élu contre M. Thiers par 13,300 voix contre 13,000. — *Bonne attitude.* — *Influence réelle à la Chambre.* — Bonne situation. — A contre lui le clergé et la société de St-Vincent-de-Paul.—Sa réélection néanmoins paraît assurée, les idées protectionnistes, qui avaient fait donner un grand nombre de voix à M. Thiers, ayant beaucoup perdu de crédit dans la circonscription de Valenciennes, où les appréhensions soulevées par le traité de commerce, se sont dissipées. — Officier de la Légion-d'Honneur.

M. STIEVENARD-BÉTHUNE (7e circonscription). — Député depuis 1864, élu à la suite de l'annulation de l'élection de M. Boittelle, par 16,159 suffrages contre le même Boittelle, candidat officiel.—Attitude indécise.— *Opposant par situation plutôt que par tempérament* et par conviction. — Disposé à quitter les rangs du tiers-parti pour entrer dans ceux de la majorité. — Situation affaiblie. — Pourrait être réélu avec l'appui de l'administration qui lui serait nécessaire. — Il y a intérêt à le ménager.

M. SEYDOUX (8e circonscription). — Député depuis 1852 ; réélu en 1863, sans concurrents. *Excellente attitude.* — *Très-dévoué.* — Grande influence sur les masses comme ancien manufacturier, agronome, etc.. etc., et sur les protestants comme membre du conseil général des églises réformées. Sera réélu facilement. — Officier de la Légion d'honneur.

M. HAMOIR (9e circonscription.) — Député depuis 1866 ; élu sans concurrent comme candidat officiel, par 18,350 voix. — 12,400 abstentions, en remplacement de M. Godart-Desmarets, démissionnaire. — Directeur des hauts-fourneaux de Maubeuge.—Excellente attitude; *a toujours voté avec la majorité.* — Situation très-forte. — Sera réélu facilement. — Chevalier de la Légion d'honneur.

ADMINISTRATION.

M. SENCIER, préfet du Nord. — Commandeur de la Légion d'honneur. — 51 ans d'âge. — Nommé le 21 février 1866. — Marié. — 1 enfant. — Successivement depuis 1843, sous-préfet à Boussac, Semur, Clamecy, Saint-Pol et Valenciennes. Préfet de l'Aveyron, de la Somme et de la Loire. — *M. Sencier est un des meilleurs préfets de l'empire.* Il joint à l'intelligence politique une grande aptitude administrative. Il a fait preuve de courage et d'énergie dans plusieurs circonstances et notamment à Semur en 1848, où il força les insurgés à évacuer la sous-préfecture. — Plus tard, comme préfet, il a su dominer dans l'Aveyron et dans la Somme, plusieurs situations délicates ; et il a atteint des résultats aussi satisfaisants à St-Etienne, poste difficile qu'il a occupé pendant 5 ans. Son attitude a été également pleine de fermeté et de modération dans les troubles survenus récemment.

M. le marquis DE LA JONQUIÈRE, secrétaire général. — Chevalier de la Légion d'honneur. — 48 ans d'âge. — Nommé le 25 novembre 1865. — Successivement depuis 1845 sous-préfet à Ussel, la Châtre, Valogne, Châtillon, Vendôme et Rochefort. — Fonctionnaire doué de qualités sérieuses. — Marié. — 3 enfants.

M. le baron de ST-PRIEST. — Sous-préfet de Douai, 38 ans d'âge. — Marié. — Ancien chef de cabinet de M. Massanet pendant 3 ans, puis attaché au cabinet du ministre de l'intérieur. M. de St-Priest a été successivement depuis 12 ans sous-préfet de Domfront, de Pont-Audemer, de Bayeux et de Douai. Il a été appelé à ce dernier poste le 25 octobre 1865. Ses notes le représentent comme un bon fonctionnaire, d'une intelligence politique réelle, traitant bien les affaires et d'un caractère loyal, énergique et dévoué. Ses allures sympathiques et son désir de faire le bien lui donnent beaucoup d'influence. Il est *parfaitement secondé* par sa femme, fille d'un ancien préfet, qui a le *goût du monde et de la représentation.* — En résumé, M. de St-Priest est un sous-préfet des plus distingués, et le préfet du Nord reconnaît que sa valeur personnelle et ses services déjà anciens lui donnent les titres les plus sérieux à une préfecture.

M. RICHEBÉ, sous-préfet d'Avesnes. — 36 ans d'âge. — Fils de l'ancien maire de Lille, successivement depuis 1855 conseiller de préfecture de La Moselle et du Nord, sous-préfet de Veziers et d'Avesnes. Il a été appelé à ce dernier poste en 1863. Fonctionnaire instruit et consciencieux, d'un esprit appliqué, comprenant bien les affaires administratives, *mais d'une intelligence politique restreinte.* — Il a pu faire apprécier, néanmoins, son concours dans plusieurs élections. — Veuf. — Dans une position de fortune convenable. — Décoré en 1866.

M. le comte HOZENDORP. — Sous-préfet de Cambrai. — Marié — 46 ans d'âge. — Nommé à Cambrai le 25 octobre 1865. — Chevalier de la Légion d'honneur. — Petit-fils du général de Hozendorp, aide de camp de l'Empereur Napoléon 1er. — Dans l'administration depuis 1851 comme sous-préfet de Nérac, Semur et Montluçon. — Fonctionnaire laborieux, d'un caractère calme et ferme, digne de la confiance du gouvernement, mais *sa froideur paralyse l'action qu'il pourrait avoir* sur les hommes.

M. le vicomte de LESPINE. — Sous-préfet de Dunkerque depuis 4 ans, 41 ans d'âge. Chevalier de la Légion d'honneur. Ancien conseiller de préfecture du Nord. — Sous-préfet de Bellac, d'Autun et de St-Omer. Fonctionnaire dévoué, ayant du tact et de la pénétration. — *Habileté à manier les hommes.* — Caractère sympathique. —Son père avait été successivement préfet de la Lozère, du Gard, d'Eure-et-Loir, et conseiller d'Etat jusqu'en

1848. — Beau-frère de M. le marquis de Fricourt, séna-teur, et de M. Dureau, préfet du Loiret.

M. RENARD. — Sous-préfet d'Hazebrouck depuis 1 an, 36 ans d'âge. Beaucoup de zèle et de bonne volonté. — Encore un peu jeune pour exercer de l'influence. — Marié.

M. BOYER, sous-préfet de Valenciennes depuis 1 an, 53 ans d'âge. Chevalier de la Légion d'honneur. Fonc-tionnaire honorable et intelligent, d'un esprit cultivé. — Désire vivement arriver à une préfecture, mais les postes qu'il a occupés précédemment n'étaient pas assez importants pour qu'il fût possible d'apprécier s'il serait à la hauteur de cette situation. — Sa nomination à la sous-préfecture de Valenciennes sera pour lui une épreuve décisive. — Marié.

M. de GRENIER, conseiller de préfecture, — ex-secré-taire-général du Puy-de-Dôme — Fonctionnaire méritant. — Célibataire.

M. de CLEENEWERCK de CRAYENCOURT, vice-pré-sident du conseil de préfecture, 19 ans de service. — Nommé conseiller de préfecture en 1847, révoqué après la révolution de 1848 et reintégré l'année suivante. — Désire rester à Lille, et en raison de ses alliances, comme de sa position personnelle, pourrait à un moment donné, seconder très-utilement l'administration. — Gendre du président du tribunal civil de Lille, — appelé à jouir d'une fortune qu'on n'évalue pas à moins de 100,000 fr. de rentes. — Présenté pour la décoration en 1866 et en 1867.

M. Des ROTOURS, conseiller de préfecture. — M. Des Rotours, fils du député, jouit de toute la considération dont sa famille est entourée dans le Nord. — Actif, travailleur. — Entendant bien les affaires, il a prêté au préfet un concours utile et des plus absolus. — Marié. — Belle position de fortune.

M. DERBIGNY. — Conseiller de préfecture. Nommé en 1842. M. Derbigny se démit de ses fonctions avec éclat, lors des événements de décembre 1851. Il obtint sa réintégration en 1858, après l'avoir sollicitée avec les plus vives instances. — Connaissant les affaires, actif et travailleur.—M. Derbigny se montre digne de la faveur qui lui a été accordée, mais le *préfet désire qu'il n'en obtienne pas de nouvelles avant d'avoir donné encore pendant quelques années des gages de son dévouement* aux institutions impériales.

XXVI

(Nous continuons la reproduction du livre de notes destinées à l'ex-impératrice lors de son voyage à Lille. Le chapitre qu'on va lire est assez court, mais il a un intérêt tout particulier pour nos lecteurs de Lille.)

Maires et adjoints de la ville de Lille.

M. CRESPEL-TILLOY, maire de Lille, 48 ans d'âge.— Chevalier de la Légion d'honneur. — La famille de M. Crespel est une des plus considérables et des plus considérées de Lille.—Grand industriel—extrêmement riche. — Il fabrique des fils à coudre. — *Excellent homme, mais ayant parfois une timidité qui tient à sa très-petite taille.* — Il appartenait au parti orléaniste. — Sincèrement rallié à l'empire. — M. Crespel n'est que depuis deux mois maire de Lille. Ancien président au tribunal de commerce. — Son gendre, M. de Valroger, est juge suppléant au tribunal de Lille et voudrait être substitut à Lille. — Si Sa Majesté *l'Empereur daignait*

*adresser un mot d'encouragement à M. de Valroger,
M. Crespel serait au comble de la joie* et l'effet produit
serait excellent.

M. DELATTRE, adjoint au maire de Lille. — 71 ans
d'âge.—Chevalier de la Légion d'honneur.—M. Delattre
a de la fortune, — Il vit fort retiré. — *Excellent homme.*
— Aimé de tous. — Ancien négociant. — Très dévoué.

M. MOURMANT. — Adjoint au maire de Lille. —
54 ans d'âge. — Chevalier de la Légion d'honneur. —
Très-riche. — Raffineur de sucre. — *Brave homme, un
peu entêté.—Très-dévoué.*—Ancien maire de Wazemmes,
où il a rendu de véritables services. —. Montre un zèle
et un dévouement dont on peut lui être reconnaissant.
— Vient d'être battu dans les élections au Conseil
général par M. Flament, candidat de l'opposition. *Il
désire la croix d'officier de la Légion d'honneur.*

M. DESCAT-LELEUX. — Adjoint au maire de Lille.—
61 ans d'âge — Très-grande fortune. — Famille nom-
breuse, estimée et influente. — Chevalier de la Légion
d'honneur.—*Excellent homme.—Très-dévoué.* Il possède
des établissements de teinture considérables.—*Il remplit
tant bien que mal ses fonctions d'adjoint. C'est son nom
plutôt que sa personne, qui est assez apathique, qu'on a
voulu avoir,* lorsqu'on l'a appelé à faire partie de la
municipalité de Lille.

M. VIOLETTE, adjoint au maire de Lille. — 61 ans
d'âge. — Officier de la Légion d'honneur. — Situation
de fortune modeste. — Famille honorable. — Directeur
des poudres.—*Brave homme, mais aimant la discussion.*
Plus fort en théorie qu'en pratique. — *Dévoué peut-être,
raisonneur à coup sûr.* M. Violette est un homme distingué qui rend des services dans la situation spéciale
qu'il occupe à la direction des Poudres.

M. DEFONTAINE, adjoint au maire de Lille. — 51 ans d'âge. — Chevalier de la Légion d'honneur. — Grande fortune. — Famille étendue et ne manquant pas d'influence. — Notaire. — *On lui croit plus de finesse que de franchise.* — *Dévoué.* — Adjoint depuis peu de temps. — M. Defontaine est quelquefois utile, mais c'est un peu *la mouche du coche.* — *Il a puissamment contribué à l'agrandissement de la ville de Lille et l'on prétend qu'il s'y est enrichi.* La croyance à cet égard est telle que sa considération s'en ressent. — Tout le monde ne l'estime pas.

M. BARROIS, adjoint au maire de Lille. — 42 ans d'âge. — Ancienne et honorable famille de Lille. — Grande fortune. — Filateur de coton. — *Brave garçon.* — *Sentiments politiques ne laissant rien à désirer.* — M. Barrois s'occupe plus de ses affaires personnelles que de la mairie. — Juge au tribunal de commerce. — C'est un homme estimable et estimé.

CONSEIL GÉNÉRAL

M. le comte MIMEREL, sénateur. — Président du Conseil général. — 81 ans d'âge. — Bonne situation de famille et de fortune. — *Excellent homme.* — Ancien manufacturier. — *Dévoué.*

M. DESCAT, conseiller général. — Maire de Roubaix. — 55 ans d'âge. — Chevalier de la Légion d'honneur. — Fortune immense. — Dirige plusieurs établissements de teinture. — Caractère sympathique et plein de rondeur. — Grande popularité. — Très-dévoué. — M. Descat n'est maire que depuis quelques semaines. En acceptant la mairie il a fait un acte de dévouement, car la situation est à Roubaix des plus délicates.

M. ROUEZ, conseiller général. — 47 ans d'âge. —

Bonne situation de famille et de fortune. — Caractère bienveillant et ouvert. — Filateur de laine et fabricant de tissus. — *Très-dévoué.* — Maire depuis 1848. — M. Rouez prête dans toutes les circonstances à l'administration le concours le plus empressé et le plus intelligent.

M. BEHAGHEL, conseiller général. — 75 ans d'âge. — Bonne situation de famille et de fortune. — *Caractère anguleux et désagréable.* — Ancien député avant 1848. — Légitimiste. — *Homme quinteux et usé.*

M. DANSETTE, conseiller général. — 64 ans d'âge. — Chevalier de la Légion d'honneur. — Bonne situation de famille et de fortune. — Caractère honorable, *un peu faible.* — *Très-dévoué.*

M. CHOMBART, conseiller général. — 46 ans d'âge. — Bonne situation de famille et de fortune. — Caractère honorable. — Avocat à Lille. — Membre de la commission des hospices. — *Appartient à une famil e légitimiste, mais son attitude politique est parfaite.* — Est un membre utile du Conseil.

M. BECK, conseil'er général. — 60 ans d'âge. — Bonne situation de famille et de fortune. — *Caractère honorable. Dévoué.* — *M. Beck est un homme assez nul.* — Cependant il n'est pas sans utilité dans le canton flamand où il exerce les fonctions de juge de paix.

M. de COLNET, conseiller général. — 58 ans d'âge. — Situation de famille très-honorable. — Fort riche propriétaire. — Caractère doux et timide. — Bonne attitude politique. — *Toujours disposé à soutenir le gouvernement.*

M. MAILLET, conseiller général. — 55 ans d'âge. — Chevalier de la Légion d'honneur. — Banquier très-riche. — Caractère plein de franchise. — Bonne attitude politique. — Un des membres les plus influents du Conseil.

M. CRAPEZ, conseiller général. — 36 ans d'âge. — Bonne situation de famille et de fortune. — Maître de forges et maire de Bavai. — *Dévoué*. — Vient d'être nommé au Conseil général.

M. PAUL, conseiller général. — 48 ans d'âge. — Chevalier de la Légion d'honneur. — Vieille et honorable famille du Nord. — Grande aisance. — Caractère plein de franchise. — Premier président de la Cour impériale de Douai. — *Très dévoué*. — Homme d'action et de talent.

M. MARIE-SOUFFLET, conseiller général. — 35 ans d'âge. — Bonne situation de famille et de fortune. — Maire de Landrecies. — Brasseur. — Caractère prompt, loyal et irascible, quoique extrêmement bon. — *Très-dévoué*.

M. DOUAY-MACAREZ, conseiller général — 66 ans d'âge. — Bonne situation de famille et de fortune. — *Bonne attitude politique.* — *Nullité complète.*

M. BEHAGHEL, conseiller général. — 75 ans d'âge. — Chevalier de la Légion d'honneur. — Bonne situation de famille et de fortune. — *Caractère un peu sournois*, mais pas un mauvais homme. — Ancien contrôleur des contributions directes. — *On ne peut pas répondre de son dévouement.* — *Égoïste.* — *Il ne sert que ceux dont il a besoin.* — Il devient bien vieux et son influence n'est plus ce qu'elle était. — *Il n'y a pas à s'en occuper.*

M. le baron de L'EPINE, conseiller général. — 83 ans d'âge. — Chevalier de la Légion d'honneur. Bonne situation de famille et de fortune. — Caractère honorable.

— Propriétaire. — Son attitude politique est bonne. —
Au fond, il est légitimiste. — *Homme usé.*

M. POUILLAUDE DE CARNIÈRES, conseiller général.
— 59 ans d'âge. — Commandeur de la Légion d'honneur. — Bonne situation de famille et de fortune. —
Conseiller à la cour de cassation. — Caractère très-
honorable. — Bonne attitude politique.— Toujours prêt
à donner au gouvernement l'appui de son influence dans
le canton de Carnières qu'il représente au Conseil
général.

M. CULHIAC-DUFRESNE, conseiller général.—48 ans
d'âge. — Bonne situation de famille et de fortune. —
Propriétaire et maire à Eppe-Sauvage. — Caractère
honorable et dévoué. — Elu en mars 1867.

M. LELEU, conseiller général. — 54 ans d'âge. —
Chevalier de la Légion d'honneur. — Bonne situation
de famille et de fortune. — Caractère plein de bienveillance et de modestie. —Propriétaire et maire de Tilloy.
— Bonne attitude politique. — Aimé et estimé de tous.

M. TELLIEZ, conseiller général. — 49 ans. — Très-
bonne situation de famille et de fortune. — Propriétaire
et maire de Carnières. — Bonne attitude politique. —
Un des plus utiles collaborateurs, et le *moment n'est pas
éloigné où on appellera sur lui la bienveillance du gouvernement.*

M. DU TEMPLE, conseiller général —43 ans —Bonne
situation de famille et de fortune. — Notaire à Walin-
court, vient d'être nommé conseiller.—On le dit libéral.

M. CRÉPIN, conseiller général. — 59 ans. — Très-
bonne situation de famille. — Fortune considérable. —
Chevalier de la Légion d'honneur. — Propriétaire et

maire à Noyelles. — Bonne attitude politique. — *Toujours disposé à soutenir le gouvernement.* — Décoré depuis 2 ans.

M. MACARÉZ, 57 ans. — Conseiller général.—Bonne situation de fortune et de famille. — Propriétaire et maire à Cappelle. — *Homme insistant et ennuyant.* — Bonne attitude politique. — Très-désireux d'avoir la décoration. — Le temps seul doit la lui donner.

M. le marquis d'AOUST, conseiller général, 50 ans. Chevalier de la Légion d'honneur.—Grand propriétaire et maire à Que noy. —Situation de famille considérable. Fortune immense. — Bonne attitude politique. — *Sert loyalement l'Empereur.* — Sa bonne volonté est plus grande que son influence.

M. MAURICE, conseiller général, 59 ans. —Chevalier de la Légion d'honneur. — Ancien maire de Douai. — Caractère loyal et entier. —Très-dévoué. — M. Maurice est l'un des hommes les plus forts du Conseil général.— Il connaît à fond l'arrondissement de Douai, ses besoins et ses intérêts. — *C'est vraisemblablement M. Maurice qu'on opposera à M. Lambrecht lors des prochaines élections législatives,*

M. DANEL (vice-président), conseiller général. — 72 ans. — Officier de la Légion d'honneur. — Bonne situation de famille et de fortune. — Ancien président à la Cour impériale de Douai. — *Ancien parlementaire.* — *Bonne attitude politique.*— Depuis de longues années, vice-président du Conseil général sur lequel il exerce une assez grande influence. *Ne se sépare pour ainsi dire jamais de l'administration.*

M. FIÉVET, conseiller général. — 54 ans d'âge. — Bonne situation de famille et de fortune. — Colonel

d'artillerie.—Caractère plein de loyauté. — *Très-dévoué.*
—Vient d'être nommé membre du Conseil général.

M. le baron de BOUTEVILLE, conseiller général.—43
ans d'âge.—Bonne situation de famille et de fortune. —
Propriétaire.— Président du syndicat de desséchement
de la vallée de la Scarpe. — *Dévoué.* — *Le moment n'est
pas éloigné* où on appellera sur lui la bienveillante
attention du gouvernement.

M. JOOS, conseiller général. — 61 ans. — Bonne
situation de fortune et de famille.—*Il rit toujours et vous
dit en riant les plus dures vérités.*—Propriétaire et maire
de Bergues. — Chevalier de la Légion d'honneur. —
Extrêmement influent dans le canton de Bergues. —
*Il désire la croix d'officier ; le moment n'est pas encore
venu de la lui donner.*

M. de COUSSEMAKER, conseiller général. — 62 ans
d'âge. — Chevalier de la Légion d'honneur. — Bonne
situation de famille et de fortune. — Juge au Tribunal
civil de Lille, et membre correspondant de l'Institut.—
C'est un savant distingué. — Caractère flamand. —
Songeant avant toutes choses à ses intérêts.—Son attitude
politique ne laisse rien à désirer.

M. de CLEBSATTEL, conseiller général. — 60 ans
d'âge. — Chevalier de la Légion d'honneur. — Bonne
situation de famille et de fortune. — Ancien député au
Corps législatif.—Caractère honorable et bienveillant.—
Dévoué. — M. de Clebsattel est depuis longtemps le
secrétaire du Conseil général. Il n'a plus aujourd'hui
tant d'influence qu'il avait autrefois, mais son dévouement est resté le même et ce dévouement mérite d'être
signalé d'une façon particulière au gouvernement.

M. CARLIER, conseiller général. — 60 ans d'âge. —

Chevalier de la Légion d'honneur. — Bonne situation
de fortune et de famille. — Négociant. — Président du
tribunal de commerce de Dunkerque.—*Excellent humme.*
— *Timide à l'excès.* — Dévoué. — Rend d'importants
services comme président du tribunal de commerce de
Dunkerque. — *Concours assuré* à l'administration.

M. de COLN, conseiller général. — 69 ans d'âge. —
Officier de la Légion d'honneur. — Bonne situation de
fortune et de famille. — Ancien chef de bataillon du
génie.—Caractère honorable. — *Bonne attitude politique.*
— Il n'habite pas le département.—Son action est nulle
au Conseil général.

M. CUEL, conseiller général. — 77 ans d'âge. —
Officier de la Légion d'honneur. — Bonne situation de
famille. — Ancien ingénieur en chef des ponts-et-chaus-
sées. — Excellent homme. — Très-aimé et très-estimé,
mais son influence a été plus grande qu'elle ne l'est
aujourd'hui.

M. MORAEL, conseiller général. — 74 ans d'âge. —
Chevalier de la Légion d'honneur. — Bonne situation de
fortune et de famille. — Docteur en médecine.— *Brave
homme dévoué.* — M. Morael a dans son canton une
influence qu'il met sans hésitation à la disposition du
gouvernement.

M. DESCHODT, conseiller général.— 58 ans d'âge.—
Bonne situation de famille et de fortune. — Juge au
tribunal civil d'Hazebrouck. — Caractère honorable. —
Bonne attitude politique. — M. Deschodt est un colla-
borateur modeste et utile. — Il a droit à la bienveillante attention du gouvernement.

M. CLEENEWERCK, conseiller général. — 76 ans
d'âge. — Chevalier de la Légion d'honneur. — Ancien

maire d'Hazebrouck. — *N'aimant que ce qui peut lui porter profit. — On le dit tombé en enfance.*

M. DUQUENNE, conseiller général.—68 ans d'âge.— Chevalier de la Légion d'honneur.—Bonne situation de fortune et de famille.—*Brave homme.* — Ancien représentant du peuple en 1848 à la Constituante et à l'Assemblée législative.—Maire de la Gorgue depuis de longues années.—Grande influence.—Appartenant d'une manière absolue à l'administration.—Dévoué.

M. le comte d'HESPEL, conseiller général. — 40 ans d'âge. — Bonne situation de fortune et de famille. — Caractère honorable. — Maire de Wavrin. — *Pratique l'indifférence politique* — Place forte convenable au Conseil général.

M. KUHLMANN, conseiller général.—64 ans d'âge.— Bonne situation de fortune et de famille. — Fortune considérable. — Grand industriel. — Président de la Chambre de commerce de Lille.—Caractère honorable. — *Dévoué.*—L'Empereur vient de le nommer commandeur de la Légion d'honneur, à l'occasion de l'Exposition universelle.

M. SAINT-LÉGER, conseiller général.—49 ans d'âge. — Bonne situation de famille et de fortune.—Caractère des plus honorables. — *Libéral, mais il est avant tout homme d'ordre et de gouvernement.* — Siége au Conseil général depuis six ans; il en est un des membres les plus distingués.—C'est un homme d'avenir. — *Je serais bien étonné s'il n'était pas un jour député et maire de Lille.* — Personne ne remplirait mieux que lui ce double mandat.

M. DESMOUTIERS, conseiller général.—60 ans d'âge. —Situation de famille et de fortune.—Grand propriétaire faisant valoir lui-même ses propriétés. — *Très-*

dévoué.—On réclame pour lui la bienveillante attention du gouvernement.

M. DESROUSSEAUX, conseiller général. — Chevalier de la Légion d'honneur. — Bonne situation de famille et de fortune. — Ancien notaire. — *Caractère faux et malveillant.* — Bonne attitude politique. — *M. Desrousseaux est un égoïste.*

M. CATTEAU, conseiller général — 47 ans d'âge. — Bonne situation de famille et de fortune. — Fabricant de tissus à Roubaix. — Caractère des plus honorables. — *Dévoué.*

M. COLLETTE, conseiller général. — 57 ans d'âge.— Bonne situation de famille et de fortune. — Ancien notaire. — Caractère entreprenant. — *Homme habile.* — *Dévoué.* — Décoré l'année dernière.

M. DEFONTAINE, conseiller général.—78 ans d'âge. — Chevalier de la Légion d'honneur.—Bonne situation de famille et de fortune.—Ancien président du tribunal civil de Lille. — Il a donné sa démission en 1830. — — *Ancien légitimiste.* — Son attitude politique ne laisse rien à désirer.—N'a pas d'influence au Conseil général. — Honorabilité digne d'égards.

M. LEURENT, conseiller général. — 53 ans d'âge. — Bonne situation de famille et de fortune. — *Caractère personnel et envahissant.* — *Homme habile.* — Ancien médecin militaire. — Aujourd'hui fabricant de tissus à Tourcoing. — Bonne attitude politique. — M. Leurent est un des membres utiles du Conseil général. — *J'ai cru politique d'appeler cette année sur lui l'attention du gouvernement ; dans une notice distincte, je propose de lui donner la croix de la Légion d'honneur.*

M. MANIEZ, conseiller général. — 55 ans d'âge. — Bonne situation de famille.—Fortune très-considérable. — Juge au tribunal civil de Valenciennes. — Caractère loyal et sympathique. — *Très-dévoué.* — M. Maniez est un excellent homme. — Très-utile au Conseil général.

M. BENOIT, conseiller général. — 63 ans d'âge. — Chevalier de la Légion d'honneur. — Bonne situation de famille et de fortune. — Maire de Fresnes.

M. LECUYER, conseiller général. — 79 ans d'âge. — Bonne situation de famille et de fortune. — Ancien président du tribunal civil de Valenciennes. — *Vieil égoïste. — Dévoué au gouvernement actuel comme il a été dévoué à ceux qui l'ont précédé.*—Il n'y a rien à attendre de M. Lecuyer. — C'est un homme fini.

M. le comte DUBOIS, conseiller général. — 53 ans d'âge. — M. le comte Dubois est conseiller d'Etat. — Sa famille habite Paris.

M. LEMAIRE, conseiller général. — 69 ans d'âge. — Officier de la Légion d'honneur.—*Très-dévoué.—Services nuls au Conseil général.*

M. LEFEBVRE, conseiller général.—55 ans d'âge. — Chevalier de la Légion d'honneur.—Bonne situation de famille et de fortune. — Caractère plein de franchise et de fierté. — Ancien maire et ancien président du tribunal de commerce de Valenciennes.—*Dévoué.*- Extrêmement distingué.—Un des membres influents du Conseil général.—Rend de grands services.

M. BOULANGER, conseiller général. — 67 ans d'âge. —Chevalier de la Légion d'honneur. — Bonne situation de famille et de fortune. — Juge au tribunal civil de

Valenciennes.—Caractère des plus honorables. — Très-
dévoué.—Concours à l'administration.

DIVERS

M l'abbé BERNARD, vicaire-général à Cambrai. — 61
ans. — Remplit ces fonctions depuis 1845. — Cet ecclé-
siastique a été signalé pour l'épiscopat; mais une maladie
nerveuse a, entre autres raisons, fait écarter sa candidature.

M. MORCRETTE, procureur général, 52 ans.—27 ans
de services.— Chevalier de la Légion d'honneur (1852).
—Intelligence vive. — Parole facile. — Caractère ferme.
— *Décoré en* 1852 *pour sa conduite énergique au* 2
décembre 1851. — M. Morcrette vient de faire preuve, à
l'occasion des événements de Roubaix, de tact et de
fermeté. — Proposé pour la croix d'officier de la Légion
d'honneur.

M. VENTE, procureur impérial, chevalier de la
Légion d'honneur le 11 août 1866.—44 ans. — 18 ans
de services.— A dirigé avec succès le parquet d'Amiens.
— Fait preuve d'intelligence, de fermeté et de *dévouement.*

M. GIRARDIN. — Dévouement exemplaire !

Le colonel DESMARETZ de BEAUVOISIN est le plus
ancien colonel de toute l'armée ; il connaît bien son
service et s'en acquitte avec autant de zèle que de
conscience. Il a de la famille et est sans fortune. Il
approche de la limite d'âge.

Note particulière. — Le colonel Desmaretz a été
admis d'office dans l'état-major des places en raison
des circonstances regrettables dans lesquelles il a

quitté la Crimée, en 1854, au moment où il aurait dû conserver le commandement de son régiment. C'est pour ce motif que les ministres qui se sont succédé *se sont constamment* refusés à le présenter à l'empereur pour la croix de commandeur de la Légion d'honneur.

M. LIÉNARD. — Très-intelligent, très-capable, beaucoup d'activité de corps et d'esprit.—Porté à l'exagération sur toutes choses, ce qui altère souvent ses jugements. — Proposé pour la croix.

M. LECOINTE. —Très-bon chef de corps, intelligent, instruit et ferme, quoique d'un caractère très-doux ; dirige parfaitement le régiment, ne laisse rien à désirer de l'avenir. — Proposé pour passer dans la garde impériale.

(Extrait du *Progrès du Nord*).

Lille. Imp. F. Lagache, rue Esquermoise, 48.

www.ingramcontent.com/pod-product-compliance
Lightning Source LLC
LaVergne TN
LVHW020046090426
835510LV00040B/1436